Perros b... perros guía

por Caleb Graham

 HOUGHTON MIFFLIN HARCOURT
School Publishers

PHOTOGRAPHY CREDITS: Cover © Jim Craigmyle/Corbis 1 Altrendo Images/Getty Images. 2 © Photodisc/SuperStock. 3 ©John Nordell/The Image Works. 5 © Jim Craigmyle/Corbis. 6 © Paul Souders/Corbis. 7 (l) © 2/Don Farrall/Don Farrall/Corbis; (r) ©Derek E. Rothchild/Getty Images. 8 Getty Images. 9 DAVID GRAY/Reuters /Landov. 10 ©PA/Topham/The Image Works. 11 Altrendo Images/Getty Images. 13 Marmaduke St. John/Alamy. 14 © Jim Craigmyle/Corbis. (bkgd) © Photodisc/SuperStock.

Printed in Mexico

ISBN-10: 0-547-26935-8
ISBN-13: 978-0-547-26935-1

7 8 9 10 11 0908 18 17 16   4500596861

Los dueños de perros quieren a sus mascotas por muchas razones. Los perros pueden ser buenos amigos de las personas y es divertido jugar con ellos. Muchos perros pueden hacer gracias.

Pero algunos perros hacen cosas muy especiales, como ayudar a las personas.

Perros que asisten a personas

El tener una discapacidad significa que una persona no puede hacer algo, como ver o escuchar. Estas personas pueden necesitar asistencia, o ayuda, para realizar tareas como caminar por aceras atestadas de gente o escuchar un timbre.

A un perro entrenado para ayudar a una persona con una discapacidad se le llama *perro de asistencia*. Estos perros ayudan a las personas que están discapacitadas a realizar las tareas que ellas no podrían hacer fácilmente solas.

Un perro de asistencia ayuda a un hombre que no puede ver.

Perros guía

El perro de asistencia mejor conocido es el *perro guía*, también llamado *perro lazarillo*. Un perro guía asiste a alguien que no puede ver. El perro actúa como los ojos de la persona, guiándola mientras camina. Si hay un objeto tendido en el camino de la persona, el perro guía con cuidado y seguridad a la persona alrededor del obstáculo.

Leyes para perros guía

En muchos lugares en los Estados Unidos, no se permite a los perros entrar en restaurantes o transportes públicos como los autobuses. Pero debido a que los perros guías son tan importantes para sus compañeros —la persona a la que ellos ayudan—, hay leyes especiales para estos perros.

Estas leyes permiten a los perros entrar en restaurantes con sus compañeros y subir a autobuses y trenes.

Un perro guía se tiende tranquilo junto a su compañero en un restaurante.

Los perros siempre han sido animales sociables.

Los humanos se dieron cuenta de que los perros tenían ciertas cualidades que los hacían útiles para las personas. Los perros pueden ver y oír mejor que los humanos. Los perros tienen la capacidad de encontrar cosas por el olfato. Estas cualidades naturales ayudaron a los perros a sobrevivir lejos de la civilización. Y en general, los perros son animales muy sociables. O sea, les gusta estar cerca de otros perros y de las personas.

Algunos tipos de perros son mejores como guías que otros. Los perros guía usualmente tienen que ser grandes, para conducir a sus dueños a través de las multitudes. Necesitan ser fuertes y obedientes, o capaces de seguir órdenes. Los pastores alemanes y los cobradores de Labrador son dos de las razas que más se usan como perros guía. Estos perros son fuertes, atentos y leales. Estas cualidades los hacen grandes compañeros de equipo para una persona discapacitada.

labrador retriever

pastor alemán

Cómo se entrena a un perro guía

La mayoría de los perros guía se crían desde que son cachorros para realizar sus trabajos. Cuando el perro tiene alrededor de un año, comienza su entrenamiento.

Primero, los entrenadores trabajan con el perro para enseñarle las tareas que necesitará conocer para ayudar a una persona con una discapacidad. El perro aprenderá a detenerse en las esquinas y a rodear obstáculos como escaleras y arbustos. Durante el entrenamiento, puede que el perro gima y que las patas le tiemblen. El perro debe practicar una y otra vez.

Los cachorros aprenden a seguir a los humanos.

A los perros guía se les enseña a no distraerse con otros perros o con personas.

Muy pronto un perro guía tiene que aprender a no comportarse mal. Un perro guía no puede agitarse con las distracciones en su medio ambiente, como los ruidos fuertes o los olores interesantes. El perro tiene que permanecer tranquilo en todas las situaciones. Un perro guía no debe intentar morder cuando está nervioso o asustado.

Un perro guía practica cómo guiar a su compañero a través de los obstáculos.

Luego, cada perro conoce a su compañero. El compañero y el perro entrenarán juntos. A menudo, el compañero se quedará en el centro de entrenamiento.

El perro y la persona se conocen y aprenden a confiar uno en el otro. Juntos, se convierten en un equipo. Un entrenador llega de visita para supervisarlos y hacer sugerencias. Los nuevos compañeros de equipo logran apegarse mucho.

Curiosamente, una de las cosas más importantes que un perro guía debe aprender a hacer, es desobedecer. ¡Suena raro, pero es verdad!

A esta habilidad se le llama la *desobediencia inteligente*. Un perro guía puede necesitar desobedecer para salvar la vida de su compañero. Por ejemplo, si un compañero le dice al perro que avance y cruce una calle transitada, pero que el perro sabe que es insegura, este no debe obedecer.

Un perro guía necesita saber cómo proteger a su compañero en las calles transitadas.

Finalmente, cuando se termina el entrenamiento, el perro va a su nuevo hogar con su compañero. El perro tiene que acostumbrarse a un nuevo medio ambiente hogareño. Esto incluye a menudo nuevas personas, como los amigos y la familia del nuevo compañero del perro. Puede tomar algunos meses hasta que el perro se sienta confiado y cómodo. Pero pronto, el perro y el compañero establecerán una relación estrecha y duradera.

Otros perros que ayudan

Los perros guía no son el único tipo de perros de asistencia. Algunos perros de asistencia ayudan a las personas que están enfermas al hacer que se sientan mejor. A estos perros se les llama *perros de terapia*. Los perros de terapia visitan los hogares de ancianos y los hospitales. Otros perros trabajan con la policía. Patrullan las calles juntos. Al final de un turno de trabajo de 12 horas, ¡los perros están listos para descansar!

Dos perros de terapia

Libertad e independencia

Las personas con discapacidades son como todas las demás. Solo tienen que aprender a hacer algunas cosas un poco diferente. En esos casos, pueden ayudar los perros de asistencia como los perros guía. Estos leales y determinados animales permiten a sus compañeros moverse por el mundo con la libertad e independencia que todos merecemos.

Responder

¿Cuál era el propósito del autor al escribir este libro? Copia la tabla de abajo. Escribe otro detalle del libro sobre las cosas que hace un perro guía.

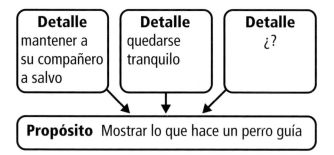

Detalle	**Detalle**	**Detalle**
mantener a su compañero a salvo	quedarse tranquilo	¿?

Propósito Mostrar lo que hace un perro guía

¡A escribir!

El texto y el mundo Piensa en los trabajos que los jóvenes pueden hacer para ayudar a otras personas. Escribe un párrafo que describa uno de esos trabajos.

compañero	patrullar
habilidad	temblar
leal	tendido
morder	turno

✔ **DESTREZA CLAVE** Propósito del autor

Utiliza los detalles del texto para decir porqué el autor escribe un libro.

✔ **ESTRATEGIA CLAVE** Resumir Pon el texto en tus propias palabras.

GÉNERO Un **texto informativo** ofrece hechos sobre un tema.